★解读经典教育理念 ★培养孩子全面素质 ★让孩子在快乐中成长

卡尔·威特经典教育

习惯培养

陶 涛◎主编

中国人口出版社
China Population Publishing House
全国百佳出版单位

图书在版编目（CIP）数据

习惯培养/陶涛主编. --北京：中国人口出版社，2014.6

（卡尔·威特经典教育）

ISBN 978-7-5101-2064-0

I. ①习… II. ①陶… III. ①习惯性—能力培养—儿童教育—家庭教育 IV. ①G78

中国版本图书馆CIP数据核字（2013）第238942号

卡尔·威特经典教育

习惯培养

陶 涛 主编

出版发行 中国人口出版社
印　　刷 小森印刷（北京）有限公司
开　　本 889 毫米 ×1194 毫米　1/20
印　　张 5
字　　数 50 千字
版　　次 2014 年 6 月第 1 版
印　　次 2018 年 1 月第 2 次印刷
书　　号 ISBN 978-7-5101-2064-0
定　　价 19.80 元

社　　长 陶庆军
网　　址 www.rkcbs.net
电子信箱 rkcbs@126.com
总编室电话 (010) 83519392
发行部电话 (010) 83534662
传　　真 (010) 83519401
地　　址 北京市西城区广安门南街 80 号中加大厦
邮政编码 100054

前言

卡尔·威特是18世纪德国一个叫洛赫的小村庄的牧师，他原本只是一个普通的牧师，但后来却闻名全国。如今，卡尔·威特已是享誉世界的教育界奇才，因为他把一个因早产而先天不足的婴儿培养成了举世瞩目的“神童”，创造了一个让所有人都惊讶的奇迹。

这个“神童”就是卡尔·威特的儿子——小卡尔。在卡尔·威特的悉心教育下，小卡尔在8岁时就已经通晓化学、物理学、植物学、动物学，尤为擅长数学，而且已经能自如运用意大利语、拉丁语、法语、德语和英语等语言；9岁时考入莱比锡大学；10岁时收到哥廷根大学的入学邀请；13岁时写作并出版了《三角术》一书；14岁时获得哲学博士学位；16岁时取得法学博士学位，并被任命为柏林大学的法学教授；23岁时出版了《但丁的误解》，成为研究但丁的权威；后来小卡尔一直在德国的大学里教书，成为有口皆碑的著名教授。

卡尔·威特将他对儿子小卡尔的教育写成了《卡尔·威特的教育》一书，这本书堪称是教育界的经典之作。书中详细介绍了小卡尔的成长过程，以及卡尔·威特的育子心得。两百年来，受这本书的影响，很多父母将自己的孩子培养成了相当优秀的人，包括赛德兹、威纳巴尔、维尼夫雷德等世界级天才，而在中国最家喻户晓的则是哈佛女孩刘亦婷。

当年，刘亦婷的母亲读的是《卡尔·威特的教育》一书的原译本。随着时代的发展，书中的一些观点已经很陈旧，不符合当代的实际情况，而且原译本内容冗长，阅读时很吃力。为了解决这一难题，我们将《卡尔·威特的教育》一书中的精华部分提取了出来，并分门别类地从语言训练、数学训练、习惯训练、性格训练、潜能训练、社交能力训练六个方面编写成了六本书，以方便中国父母的阅读。

我们这一套书不仅深入浅出地解读了《卡尔·威特的教育》一书作者的思想，使中国的父母更加容易理解和领悟，而且根据孩子的生长发育和心理发展特点，在每一节都精心设计了趣味性非常强的小游戏，使这本书具有了更强的操作性。

这套书将会成为您理想的育儿伙伴，给您解读经典，为您答疑解惑，陪您和孩子一起玩游戏，让您的孩子在快乐中成长，轻松将孩子培养成才！

Part 1 养成良好的学习习惯

很多父母在孩子上小学之后才开始培养学习习惯，但却发现好习惯很难养成，坏习惯却是无师自通，而且帮助孩子纠正这些不好的习惯很难。其实，想让孩子拥有良好的学习习惯，应该从孩子幼儿时期就开始培养。

Part 2 做情要有头有尾

小孩子做事通常都是三分钟热度，刚刚吵着要玩积木，没几分钟就又去玩汽车了。这是由于孩子还小，他的注意力只能保持很短的时间。父母不能让孩子顺其自然发展下去，要有计划地根据孩子的实际情况来训练他的持久力，让他从小养成做事有头有尾的好习惯。

Part 3 自己的事情自己做

对孩子独立生活能力的培养是对孩子真正的关心和爱护，让孩子从小养成自己的事情自己做的习惯是对孩子最基本的要求，溺爱孩子、过分呵护孩子只会让孩子在将来的生活中吃尽苦头，还会阻碍孩子正常的发展。

Part 4 养成生活有条理的好习惯

有条理的生活会让人过得更加舒服和自在，而幼儿时期是孩子的“秩序敏感期”，此时培养孩子有条理的习惯能够事半功倍，能让孩子轻松养成好习惯并终生受益。培养孩子的好习惯，父母首先要以身作则，起到示范作用，其次还要监督孩子，将孩子不良习惯的苗头扼杀在萌芽状态。

Part 5 尊重是一种习惯

如果孩子从小没有养成尊重别人的习惯，长大后就会骄横无礼、目中无人，不会为别人考虑，这样的孩子是不会受人欢迎的。而孩子若养成了尊重别人的习惯，那孩子从小到大就能和别人融洽相处，在将来的生活、学习、工作中也会如鱼得水。

卡尔·威特经典教育——习惯培养

Part 1

养成良好的学习习惯

Yangcheng Lianghaode Xuexi Xiguan

很多父母在孩子上小学之后才开始培养学习习惯，但却发现好习惯很难养成，坏习惯却是无师自通，而且帮助孩子纠正这些不好的习惯很难。其实，想让孩子拥有良好的学习习惯，应该从孩子幼儿时期就开始培养。

认真学习，痛快玩耍

&卡尔·威特讲故事

当小卡尔在学习上取得显著成绩后，很多孩子的父母总是问卡尔·威特，为什么他们的孩子学习刻苦勤奋但成绩却不理想，他们认为小卡尔肯定是个天才。卡尔·威特很理解这些望子成龙的父母，有些孩子从小聪明伶俐，兴趣广泛，但他们的父母没有给予正确地引导，让他们“眉毛胡子一把抓”，最后什么都没有学明白。

小卡尔的好奇心也非常强，爱好十分广泛，但卡尔·威特严格教育小卡尔，让他有计划地安排自己的事情，合理地安排时间，不能因为兴趣广泛而影响学习。卡尔·威特让小卡尔从小就养成专心致志的好习惯，学习的时候认认真真地学，玩的时候痛痛快快地玩；在学习某个课程时，不要想着其他课程的问题。如果学习时不能专心致志，即使整天抱着书坐在书桌旁，也不会有什么效果，不仅浪费时间，还给父母造成勤奋学习的假象。

&卡尔·威特大学堂

众所周知，小卡尔刚出生时是一个有些智力障碍的孩子，他在学习上能取得显著的成绩并不因为他是天才，而是因为他养成了良好的学习习惯。在一般情况下，每个孩子在出生时的潜能都是差不多的，而在孩子的成长过程中，会受到各种因素的影响，父母对孩子的早期教育决定了孩子潜力的发挥程度。而若想让孩子在学习上取得理想的成绩，养成良好的学习习惯是非常重要的，而父母对孩子学习习惯的养成起着相当重要的作用。

经典游戏指导

剥豌豆

适合年龄：2～6岁　　道具准备：豌豆、小盆

训练方法：

1. 给孩子准备一个小板凳、一个小塑料盆、未剥的豌豆。
2. 让孩子将豌豆剥好放在小盆子里。
3. 剥完后让孩子数一数自己剥了多少颗豌豆。
4. 这个游戏能锻炼孩子手部肌肉精细动作的能力，还能培养孩子耐心、认真、细致的习惯。

教育心语

对于孩子的成长来说最重要的是教育而不是天赋。孩子最终成为什么样的人，也不取决于天赋的大小，而取决于他从出生到6岁的教育。

给香蕉宝宝穿衣服

适合年龄：2~6岁　　道具准备：黄色彩纸、胶水、白纸

训练方法：

1. 父母先在白纸上画一个香蕉的轮廓。
2. 让孩子将黄色彩纸撕成小碎片。
3. 给孩子一瓶胶水，让他给香蕉宝宝穿上黄衣服，将黄色的碎纸片贴在轮廓线内。
4. 完成后，沿轮廓线将“香蕉”剪下来，让孩子把自己的作品给家人欣赏。
5. 孩子粘纸片时，父母可在旁边鼓励孩子耐心、细心、认真地把作品完成，不要半途而废。

教育心语

几乎所有的伟人和那些取得辉煌人生的人们都在童年时期就懂得了什么是成就感，什么是自豪感。一个孩子之所以能够坚持不懈地做一件事，之所以能够在蒙昧之中渐渐走向成熟，完全都是成就感给他们的力量。

给妈妈穿项链

适合年龄：2～6岁　　道具准备：带孔的小珠子、两根绳子

训练方法：

1. 父母先拿绳子穿上小珠子给孩子做示范。
2. 让孩子注意观察小珠子中间的孔并观察父母是怎样将绳子穿进珠子里面的。
3. 父母鼓励孩子自己动手穿一串项链。
4. 小珠子要选孔稍微大些的，绳子要选稍微有点硬度的，这样方便孩子穿进去。

教育心语

“认认真真学，痛痛快快玩”是很多父母都知道的道理，但在教育孩子的过程中，往往只看孩子学习了多长时间，而没有注意到孩子到底学进去没有。父母要及时观察孩子的状态，如果孩子已经没有耐心学下去或者是一直心不在焉，那不如让孩子出去痛快地玩一会儿再回来学习。

听命令，挑物品

适合年龄：1～2岁　　道具准备：镜子、水果、积木、玩具等

训练方法：

❶ 将水果、积木、玩具等排在镜子前，让孩子从镜子中看到物品，而不要让他看到实际的东西。

❷ 让孩子看着镜子，伸手去拿妈妈所指定的物品。

❸ 孩子将物品全部拿到之后，让他将这些物品排列出来。

❹ 当孩子拿到物品后，可以问："宝宝，这是吃的呢，还是玩的呢？"让他进一步了解所拿物品。

教育心语

游戏在孩子的心目中占有重要地位，只要游戏有浓厚的趣味，孩子就会乐此不疲，全力以赴。

专心学习才能提高学习效率

&卡尔·威特讲故事

卡尔·威特一个好朋友的儿子叫哈特威尔，他的父母说他是一个非常勤奋的孩子，但不知为何他的学习成绩却总是不尽如人意，他们想请卡尔·威特解开这个谜。于是卡尔·威特要求偷偷地观察哈特威尔是怎样学习的。结果卡尔·威特发现哈特威尔在书桌前坐了很长时间，但他的眼睛并没有放在书本上，而是一直呆呆地望着窗外。

卡尔·威特悄悄地走到他的身后，拍了拍他的肩膀，这时哈特威尔才回过神来。卡尔·威特和哈特威尔进行了细致的沟通，原来哈特威尔在幻想着自己是荷马笔下的英雄，锄强扶弱、匡扶正义，卡尔·威特告诉他要成为英雄不能只靠幻想，要看看那些人是怎样成为英雄的，要学习那些英雄的智慧，而不是坐在桌子前想象。听了卡尔·威特的话，哈特威尔好像忽然领悟了，知道自己现在应该努力学习、锻炼身体，这样等长大后才能帮助弱小。说着，哈特威尔便拿起书本专心致志地学起来。之后，他的学习成绩很快就提高上去了。

&卡尔·威特大学堂

学习时心不在焉、爱想入非非是很多孩子的毛病，如果没有养成专心致志的好习惯，即使每天用很多时间来学习也不会有什么效果，他们的心也许早就飞到了室外，想和伙伴们快乐地去玩耍。这样的状态，是无法学好知识的，与其这样，还不如让孩子去外面痛痛快快地玩一玩再回来学习。

经典游戏指导

摆橘子

适合年龄：2～3岁　　道具准备：小橘子

训练方法：

1. 父母给孩子准备一些小橘子。
2. 父母拍手，问孩子："你听听妈妈拍了几下，将数目用小橘子排在桌上。"
3. 多拍几次，每次拍手的间隔时间要长一些，要有节奏。
4. 孩子将小橘子排好后，让孩子数一数总共拍了多少下，摆了多少个橘子。
5. 孩子都做对后，奖励孩子吃两个小橘子。

教育心语

我想，连动物都知道在游戏中锻炼自己，训练技能，我们人类为何却不明白这个道理，非要孩子在枯燥无趣的状态下学习呢？为了儿子能始终快乐地学习，我意识到必须利用这种绝妙的学习方法。可以这样说，我对卡尔的早期教育几乎都是采用游戏的方式进行的。

学会扣扣子

适合年龄：2~6岁　　道具准备：带纽扣的衣服

训练方法：

1. 父母先教孩子如何解开扣子：左手拇指、食指拉住扣孔边的衣襟，右手捏住纽扣，把纽扣向右下边稍微扭转，让它从孔中脱出来；左手捏住穿过的纽扣，并把它拉出来。
2. 再教孩子扣扣子：左右前衣襟合在中央，由上开始扣上纽扣；左手捏住纽扣，右手捏住扣孔，让扣孔和扣子相合；左手把纽扣穿入扣孔，右手捏住穿出的纽扣，并把它拉出来。
3. 可以先把衣服放在床上或桌子上让孩子练习，等熟悉之后再穿在身上进行练习。
4. 学扣扣子对孩子来说是一件比较难的事情，父母一定要有耐心，并适时给予鼓励。

教育心语

当一个人陷于逆境之时，给予他物质上的帮助远远不如给予他精神上的安慰。物质的帮助是有限而短暂的，帮助一个人恢复信心却是长远而更有意义的事。

找 茬

适合年龄：2~6岁　　道具准备：找不同画册

训练方法：

1. 给孩子准备一本找不同的画册，根据孩子的实际水平给孩子安排相应难度的任务。
2. 找不同需要孩子有极大的耐心和细致的观察力，可以培养孩子的专注力。
3. 在孩子找的过程中，父母可以适当地给孩子制造一些小干扰，锻炼孩子抵抗这些干扰的能力。

教育心语

只有专心致志才能提高学习效率，生活中不光是学习，做任何事情都需要专心致志。小孩子专注力差、耐心差，父母可以先训练孩子短时间的注意力，再慢慢加深游戏的难度和延长游戏的时间，以此来提高孩子的耐力，增进专心度。

丢掉磨蹭的坏习惯

&卡尔·威特讲故事

卡尔·威特非常重视小卡尔的学习习惯，一旦发现他出现了哪些不好的习惯就会立即给他纠正。有一次，卡尔·威特给小卡尔布置了一道数学题之后就离开了，可是当他再次回到房间时，发现小卡尔并没有在做练习题，而是在房间玩。卡尔·威特立刻问小卡尔："你在玩什么，为什么不做我给你布置的练习题？"小卡尔回答说那道题很简单，在规定时间到之前，肯定会做出来的。卡尔·威特并没有再说什么，而是又给他布置了两道题。到了规定时间，卡尔·威特去检查小卡尔的作业，发现他已经做完了前两道题，正在解第三道比较难的题。卡尔·威特让小卡尔停下，说时间已到，因为卡尔·威特只是给小卡尔增加了试题但并没有增加做题的时间。

小卡尔感到非常不公平，卡尔·威特问他："如果之前你没有磨磨蹭蹭浪费时间，那么你觉得有时间来做完这两道题吗？"小卡尔说有，卡尔·威特又继续教育他说："你看，如果你一开始没有把时间浪费在磨蹭上，先把那道题做完，那样你就可以用剩下的时间来做别的喜欢的事情了。可是由于我又给你加了两道题，时间就不够用了。你要知道，生活就是这样，情况会经常发生变化，如果一开始没有抓紧时间把事情完成，一旦情况发生改变，那么你就可能没有足够的时间把所有的事情完成。"

&卡尔·威特大学堂

做事磨蹭是很多成年人身上也存在的坏习惯，有的人坐下来不磨蹭很久是不会开始工作的，这就是因为他们从小没有养成珍惜时间的好习惯。可见，小时候养成的好习惯会受益终生，而小时候养成的坏习惯也会影响人的一生。所以，父母在孩子小的时候一定要督促他养成良好的生活习惯和学习习惯，让孩子丢掉做事磨蹭的坏习惯，这样孩子才能利用最短的时间做出最多的事情，提高办事效率。

经典游戏指导

限时找积木

适合年龄：2~6岁　　道具准备：积木、计时器

训练方法：

1. 将一套积木全部打乱。
2. 让孩子在一分钟之内找到至少五块以上形状相同的积木。
3. 父母在旁边计时，时间到后，检查孩子的任务是否完成。
4. 还可以让孩子在规定时间内将相同颜色的积木归到一起。

教育心语

过分的严格会抑制孩子的自由发展，过分的宽容又会造成他们的散漫。这两种倾向都是教育孩子应该避免的态度，真正有效而合理的态度是应该严格的就一定要严格，应该宽容的就一定要宽容。但是，父母的宽容之心必须永远放在最首要的位置上。

先玩什么

适合年龄：4～6岁

训练方法：

1. 周末带孩子去游乐园玩，进去之后先带孩子去看游乐园的游览图。
2. 和孩子一起商量先玩什么后玩什么，让孩子学着安排自己的行程。
3. 让孩子说说他的安排，父母帮他分析一下这样的安排有什么好的地方，有什么不合理之处。
4. 父母和孩子一起制定一个在最短时间内玩最多项目的计划。

教育心语

让孩子丢掉磨蹭的坏习惯、提高做事效率，主要还得靠父母的监督，但父母不能不给孩子解释原因，不能只是粗暴地让孩子抓紧时间，而是让孩子自己养成珍惜时间的好习惯。可以通过规定时间、限时比赛、制订计划等方法来提升对效率的认识。

养成按时睡觉的好习惯

适合年龄：0~6岁　　道具准备：洗澡用具、玩具、婴儿床

训练方法：

1. 睡前给孩子洗个澡，让他彻底放松。
2. 给孩子换上宽松的睡衣。
3. 把孩子放入婴儿床时，可以给他一个搂抱的玩具。
4. 母亲守候在孩子身旁，轻声低语，让孩子放松情绪。
5. 哼唱固定的催眠曲，或播放固定的催眠音乐，把灯光关暗。

教育心语

不休息和过多的休息都是导致学习效率低下的原因。

有规律地生活和学习

&卡尔·威特讲故事

卡尔·威特从小就让小卡尔养成有规律的生活习惯和学习习惯，如果小卡尔没有按照规律作息就会受到相应的“惩罚”。卡尔·威特曾经对小卡尔说过：“你每天早上必须按时起床，否则我会以为你是放弃了吃早餐，你要为你的行为负责。”

有一次小卡尔由于赖床而超过了给他规定的时间。当小卡尔来到餐桌前时，卡尔·威特夫妇早已经收拾好了一切，并把小卡尔的早餐收走了。小卡尔看着父亲，似乎想为自己的行为辩解一番。还没等小卡尔开口，卡尔·威特就对他说：“真遗憾，小卡尔，我也很想把你的牛奶和面包留在你的位置上，但我记得我们以前有过约定，我不能随意破坏它，这只能怪你自己。”

&卡尔·威特大学堂

很多父母遇到这样的情况并不能像卡尔·威特那样做到那么坚决，即便是收走了早餐也会因为受不了孩子的软磨硬泡再次拿饭给孩子吃，有的父母则会认为早餐很重要，不给孩子吃早餐会影响孩子的身体发育。但卡尔·威特认为，在这样的情况下，早餐本身并不是最重要的，一顿不吃也不会对孩子的身体造成多大的伤害，重要的是要教育孩子遵守约定的重要性，要让孩子形成良好的生活规律。

经典游戏指导

按时睡觉

适合年龄：1～6岁

训练方法：

1. 每晚睡前给孩子洗个澡，让他彻底放松。
2. 给孩子脱掉鞋袜，换上宽松的睡衣。
3. 把孩子放入婴儿床时，可以给他一个搂抱的玩具，如果孩子不用玩具可以睡着，就不要给他玩具。
4. 父母要在孩子身边待一会，轻声低语，让孩子放松情绪。
5. 哼唱固定的催眠曲，或播放固定的催眠音乐，把灯光关暗，等孩子睡着后再离开。

教育心语

要帮助孩子养成良好的生活习惯，这样会让他受益终生的。

起床咯

适合年龄：1～6岁

训练方法：

❶ 每天早上到起床的时间时，父母把孩子房间的窗帘拉开，让屋内的光线亮起来。

❷ 孩子会在光线的刺激下慢慢醒来，父母还可以给孩子放一些轻松、欢快的音乐，让孩子知道，音乐响起时就是起床时间到了。

❸ 等孩子长大一点，可以给孩子定好闹钟，让他自己按时起床。

教育心语

遵守时间是一种高尚的品德，应该培养孩子守时的习惯。

自己吃饭

适合年龄：2～6岁

训练方法：

1. 吃饭前让孩子洗净双手，帮父母摆放好餐具。
2. 吃饭时让孩子坐在自己的座位上，在吃完饭之前，不能离开座位。
3. 教孩子学会用勺子、筷子，教孩子学会自己夹菜。
4. 孩子吃饭时基本上都会坐不住，父母要有耐心，慢慢教孩子。

教育心语

有规律的生活和学习能给孩子带来安全感和稳定感，固定的作息时间会让孩子习惯于每天在相同的时间做相同的事情，有利于形成良好的生物钟，这会使父母照顾孩子的工作更加有序和轻松。但这需要父母在日常生活中与孩子相处时必须坚持原则，让孩子学会自主和自制，无特殊情况切不可向孩子妥协。

Part 2

做事情要有头有尾

Zuoshiqing Yao Youtouyouwei

小孩子做事通常都是三分钟热度，刚刚吵着要玩积木，没几分钟就又去玩汽车了。这是由于孩子还小，他的注意力只能保持很短的时间。父母不能让孩子顺其自然发展下去，要有计划地根据孩子的实际情况来训练他的持久力，让他从小养成做事有头有尾的好习惯。

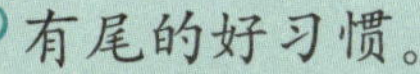

坚持才能成功

&卡尔·威特讲故事

有一次，卡尔·威特给小卡尔布置了一道超出他能力范围的数学题，过了很久，小卡尔还是没能把这道题做出来，卡尔·威特对他说如果觉得太难可以先休息一下，但小卡尔拒绝了父亲的建议，要求再给他一点时间。

等到该吃饭时，小卡尔还没从房间出来，他的母亲按捺不住去叫他吃饭，小卡尔说他已经找到了解这道题的方法，还差一点点就能解答出来。卡尔·威特只好和妻子在外面耐心等待。不久，小卡尔发出了兴奋的喊声，他拿着那道题的答案蹦蹦跳跳地跑出来。

吃饭的时候，小卡尔一直兴奋地给父亲讲述自己是怎样思考、如何解题的，他为自己能成功地解答出那么难的题而自豪。卡尔·威特问小卡尔有没有在解题的过程中想过放弃，小卡尔说："想到过，因为这道题确实太难了，我都有点头疼了，我真想跑出去和你说做不出来，可是每当那个时刻，我都会听到自己心中有一个声音在说'坚持一下，再坚持一下'，所以，我就想我一定要坚持下去，一定要把它解答出来。"

&卡尔·威特大学堂

但凡有成就的人都是能坚持到底的人，不管遇到多么难的事情、不管受到怎样的打击，他们都能凭着坚强的毅力和信念坚持下来，直到最后取得胜利。即使是普通人，在平时的生活、学习、工作中也会遇到各种各样的难题，只有坚持下去，努力解决困难，才能取得成功。所以，父母应该从小就培养孩子"坚持才能成功"的信念，告诉孩子遇到困难不要轻易放弃。

经典游戏指导

躲地雷

适合年龄：4～6岁　　道具准备：小板凳、玩具、空盒子、粉笔等

训练方法：

1. 找一个比较宽敞的空地，父母用粉笔在地上画两条平行线，间隔5米左右。
2. 将玩具、空盒子等随便放在两条平行线内，告诉孩子这些东西都是“地雷”。
3. 让孩子抱着一只小板凳，板凳上面放一个玩具。孩子需要抱着板凳、躲过地雷到达另一边，期间板凳上面的玩具不能掉下来。
4. 刚开始玩具掉下来父母可以帮孩子拿上去，但熟练之后，就不能再犯规。

教育心语

无论做什么事都不要为自己找借口，无论做什么事都要以精益求精的态度严格要求自己。因为只有这样，才有可能做好你想做的事。

拔萝卜

适合年龄：3~6岁　　道具准备：玩具胡萝卜、蘑菇等

训练方法：

1. 在比较空旷的地方画两条线，将玩具胡萝卜、蘑菇等放到一端，孩子站在玩具的对面。
2. 父母或者其他小朋友一起来玩游戏，比赛谁最先单腿蹦着到对面拿到玩具再返回来。
3. 途中另一只脚不能着地，否则算输。
4. 等熟悉游戏后，可以比赛谁在最短的时间内能从对面拿回最多的玩具，去的途中、取玩具时和回来的途中腿和另一只脚都不能着地。

教育心语

只有孩子学会坚持不懈克服困难，他才会取得进步。当孩子遇到困难时，父母要鼓励孩子坚持下去，只有坚持下去、努力想办法，才会把事情解决，而且，当孩子通过自己的努力解决困难时，他会有一种成就感，这种成就感会激励他以后遇到困难时勇敢地坚持下去。

要清洁

适合年龄：1～3岁　　**道具准备：**一组画着小孩的图画（对照图）

训练方法：

❶ 指着一组对照图的图画，问孩子：“哪一个孩子比较脏？”

❷ 在屋外可以尽情地玩，但是，回到家应该怎么样呢？让孩子清楚地回答日常生活中的规范。

❸ 告诉孩子，手、脚、脸、头不可弄脏，否则会容易生病。以浅显易懂的话让孩子理解。例如，因为干净，才不会肚子痛或眼睛疼等。

教育心语

拥有了健康的身体，就等于拥有了人生的第一笔财富。但要保管好这笔财富，却需要付出一定的努力。

夸奖，让孩子更自信

&卡尔·威特讲故事

卡尔·威特非常善于观察小卡尔的状态，他总能适时地给小卡尔最好的指导。在小卡尔刚开始学习写作的时候，他对自己的能力一点信心也没有。当他战战兢兢地把自己的第一篇文章交给父亲时，他的眼中闪现出焦灼和不安，似乎在等待着父亲的审判。卡尔·威特很敏锐地捕捉到了这一点，看完小卡尔的文章，不得不说那实在是一篇糟糕透了的文章：问题没有交代清楚，句子不完整，错别字很多。卡尔·威特在思考该怎样评价这样一篇文章，他能感觉到小卡尔对写作缺乏信心，他也知道简单地说一句“不好”并不能解决问题。在卡尔·威特沉默着思考该如何评价时，小卡尔流露出忧伤的眼神。但小卡尔没有想到，父亲竟然说出了一句令人兴奋的话：“非常不错，这是你第一次写作，爸爸刚开始写作的时候比你差远了。”

听完父亲的话，小卡尔兴奋极了。不久，当小卡尔完成自己的第二篇文章时，水平与第一次已经有天壤之别了。

&卡尔·威特大学堂

孩子会养成什么样的习惯，很大程度上取决于父母对孩子的哪些行为比较关注和重视。父母关注孩子的什么行为，这种行为逐渐就会形成孩子的习惯，因为孩子做什么都希望得到父母的关注、引起父母的注意，如果他好的行为不能引起父母重视，那么他就会用搞破坏、不听话等方式来吸引父母。所以，父母要多关注孩子好的一面，对他良好的行为给予及时、恰当的奖励，对他不好的行为采取漠然处之的态度。

经典游戏指导

比赛喝水

适合年龄：5~6岁　　**道具准备：**杯子

训练方法：

1. 每天早上起床后，妈妈问孩子：“爸爸要喝水，宝宝要不要也喝一杯水？”
2. 让孩子给爸爸接一杯水，再给自己接一杯水。
3. 如果是玻璃杯或瓷杯，妈妈要特别留心保护好孩子，还要注意不要让孩子接热水。
4. 让孩子和爸爸比赛，看谁先喝完杯中的水，注意不要让孩子呛着，孩子每次喝完后记得表扬他。
5. 利用比赛喝水的方法让孩子养成每天早上喝水的习惯，孩子小时候最好不要给他喝饮料。

教育心语

健康教育，总结起来不过几条极简单极易遵守的规则。就是：多吸新鲜空气，多运动，食物要清淡营养，身体习惯沾冷水，睡眠有保证，生活有规律。

定时玩电子游戏

适合年龄：3～6岁

训练方法：

1. 现在的孩子对电子游戏都非常感兴趣，不管是手机游戏还是电脑游戏，父母简单地制止无法阻止孩子，不如和孩子约法三章。
2. 和孩子一起制定规矩，比如每天只能玩两次游戏，中午和晚上各一次，每次20分钟，时间到了立刻关掉。
3. 如果孩子犯规一次，就要进行必要的惩罚，父母要坚决执行，不能心软。
4. 父母也要适度地向孩子妥协一次，偶尔允许他时间到后打完那一局再关掉电脑。
5. 当孩子每次遵守规定时，记得表扬他，给他一个拥抱。

教育心语

孩子会在父母的夸奖中知道自己做的是对的，这会强化他的这种行为，进而形成习惯。而且，父母的夸奖会满足孩子的自尊心和小小的虚荣心，不要担心夸奖会让孩子变得骄傲、自满，适当的夸奖会刺激孩子向你夸奖他的方向努力。

努力做到最好

&卡尔·威特讲故事

卡尔·威特只要有时间总是会带小卡尔出去散步。在小卡尔五岁那年的一天，卡尔·威特带着他出去散步，小卡尔还拿上了他心爱的画具。他们两个来到了家附近的小石桥旁边，小卡尔打开画具开始画画，卡尔·威特则开始欣赏周围美丽的景色。过了一会儿，小卡尔将自己的画拿给父亲看，总体来说，这幅画构思巧妙、手法细腻，对于五岁的孩子来说，已经画得相当不错了，但还是有一些不足之处，卡尔·威特对小卡尔说：“卡尔，为什么我没有从这幅画中感受到你说的那种神秘感呢？你对我说过，水在阳光下比在阴影中的颜色要浅一些，阴影中的水是深绿色的，但在你这幅画里我却没有看到。”

小卡尔听到父亲的点评后又重新回到岸边画起来，第二幅画尽管还有一些不足，但已经得到了父亲的赞扬，可小卡尔还想画得更好，于是，他又埋头画起来。到了该回去的时间，可小卡尔还在继续画着，过了很久，小卡尔终于把自己的画拿给了父亲，卡尔·威特看到后简直惊呆了，小卡尔画的阴影中的水简直像蓝宝石一样美丽，而且富有变化、神秘莫测。

在回去的路上，卡尔·威特问小卡尔：“其实第二次你已经画得不错了，为什么还要画第三次呢？”小卡尔说：“你不是对我说过吗？做什么事都要精益求精。”

&卡尔·威特大学堂

卡尔·威特在小卡尔的数学、语言、绘画等方面都要求他要做到精益求精、尽善尽美，在艺术创作方面尤其如此，因此，小卡尔无论做什么都会尽力做到最好，这一点也是他长大后有一番成就的必备要素。如果想要成为一个有作为的人，就需要有一丝不苟、精益求精的精神，如果想让孩子在学习上取得满意的效果，父母就需要对孩子进行严格要求。

经典游戏指导

盖城堡

适合年龄：2～6岁　　道具准备：积木

训练方法：

1. 让孩子根据自己的想法用积木盖一座城堡。
2. 父母可以在旁边指导孩子，问他想盖什么样的城堡，怎样盖，但不要给他过多的意见。
3. 等孩子盖好之后父母进行点评，引导他怎样盖会盖得更好，将他在盖的过程中的问题指出来。
4. 让孩子再试一次，看能不能盖得更好。

教育心语

把孩子教成具有创新精神的人。这是成为一个优秀的学者、艺术家、科学家、政治家、军事家，甚至商人和丈夫的必备精神。

哪幅最好

适合年龄：4～6岁　　道具准备：画笔、宣纸、简笔画图册

训练方法：

❶ 把宣纸蒙在简笔画图册上，让孩子描画上面的图案。

❷ 等孩子描好后，再让孩子将颜色涂上。

❸ 把描好的作品先放在一边，让孩子再照着简笔画画一幅。

❹ 把描好的作品和画的作品摆在一起，让孩子自己比较哪一幅更好看，引导孩子想一想，为什么那一幅最好看。

教育心语

孩子都有好胜心理，父母可以利用孩子的这个心理来培养他凡事要尽善尽美的习惯。经常让孩子参加一些比赛可增强孩子精益求精的精神，多让孩子观察一些别人的作品，可以让他找到自己的不足，从而努力去改进。

清洁与衣着

适合年龄：2～6岁　　道具准备：牙刷、洗澡用具等

训练方法：

1. 妈妈示范刷牙及穿衣的动作，说："我正在做什么？你猜一猜！"
2. 为什么刷牙？为什么换衣服？问孩子理由。刷牙时需要什么东西？让孩子回答。
3. 示范沐浴的动作。让孩子猜一猜，你现在在做什么。让孩子回答沐浴用的物品。
4. 还可以带孩子去超市百货商店购买日常用品，然后询问孩子这些东西的用途，并加以解释。

教育心语

如果没有无私的、自我牺牲的母爱的帮助，那么孩子的心灵将是一片荒漠。

培养孩子的持久能力

&卡尔·威特讲故事

在小卡尔还只能趴在床上挪动的时候，卡尔·威特夫妇就开始训练他的持久力，他的母亲先从他注意力的持久性开始训练。为了培养小卡尔注意力的持久性，他母亲用了一个能够引起他注意和兴趣的玩具——一只用布做的黄色小猫。小卡尔的母亲先把那只小猫放在小卡尔前后左右吸引他的注意力，等到他发生兴趣之后，就把小猫放在他伸出手差一点能够到的地方，吸引他去抓。当小卡尔老是抓不到想放弃的时候，他母亲便用手推着他的脚鼓励他：使劲儿，使劲儿！小卡尔在母亲的鼓励下往往会用力蹬几下腿，尽力将小猫抓住。在小猫被小卡尔抓到手后，他母亲就用欢呼和亲吻来庆祝小卡尔的胜利，让他体验奋斗、成功的喜悦。当小卡尔能够爬行的时候，他母亲就会相应增加训练的难度，在他马上就要够到奋斗目标的时候，把吸引他的玩具挪到更远的地方，然后鼓励他继续爬着去拿。

&卡尔·威特大学堂

卡尔·威特对小卡尔持久力的训练一直没有停止过，当小卡尔开始学习知识时，卡尔·威特仍然用类似的方法去培养他坚持不懈，只不过后来不是用玩具而是用知识而已，久而久之小卡尔就养成了做事情坚持不懈的习惯。

培养孩子的持久力，父母可以帮助孩子把大的目标分成几个小的阶段性的目标，然后督促孩子持续的努力，将目标一个一个实现，最终达到终极目标。在培养孩子持久力的时候，父母要一直鼓励孩子，以减少孩子的心理压力和逆反心理，让孩子能在不断达到目标的喜悦心情下，充满热情地去克服困难，坚持不懈地去努力。

经典游戏指导

夹球游戏

适合年龄：3~6岁　　**道具准备：**纸球、塑料球、玻璃球、筷子

训练方法：

❶ 父母先用纸揉一些纸球，给孩子准备轻便、小巧、筷子头上有二道小沟的特制筷子，让孩子练习夹东西。

❷ 等孩子能熟练夹住纸球后，让孩子尝试夹塑料球和玻璃球。

❸ 等孩子能顺利夹住塑料球和玻璃球时，将特制的筷子换成普通的筷子，让孩子练习。

❹ 这个游戏能锻炼孩子手部肌肉的能力，还能锻炼孩子手眼协调的能力、专注力、克服困难的勇气以及持久力等。

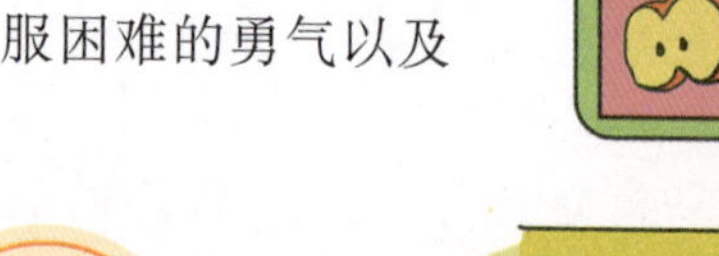

教育心语

小孩子的天性是喜欢有趣，喜欢自由，因此他们最喜爱的便是游戏玩耍，如果不能游戏玩耍就会感觉不快乐。而且，他们也正是通过游戏来向世界学习的。

捡纸片

适合年龄： 2～6岁　　**道具准备：** 碎纸片、簸箕

训练方法：

1. 孩子一般都很喜欢撕纸游戏，父母可以让孩子撕纸，但要提前告诉他撕完要把碎纸片收起来放进垃圾箱里。
2. 鼓励孩子自己将纸片捡起来收拢到一起，然后放到簸箕里，再倒进垃圾箱。
3. 由于碎纸片很多，孩子可能没有耐心捡完，父母要及时鼓励孩子。

教育心语

任何兴趣都需要培养，任何热情都需要控制。兴趣得不到良好的培养便会变得无趣，热情如果得不到合适的控制便会很快消失。

抢皮球

适合年龄：3～6岁　　道具准备：皮球

训练方法：

1. 最好到比较空旷的地方玩这个游戏，父母和孩子一起玩拍皮球。
2. 父母拿着皮球拍，让孩子来抢父母手中的皮球，抢到了要一直拍皮球，然后由父母来抢。
3. 父母要鼓励孩子来抢，要设置相应的难度，但不要一直让孩子抢不到，打击他的积极性。

教育心语

孩子在幼儿期很难将注意力长时间集中在一件事情上，他们经常毫无目的地从一项活动转移到另一项活动，注意力很容易分散。父母训练孩子的持久力时要选择有趣的、能吸引孩子注意的、引起孩子兴趣的东西。在训练孩子的时候，父母不要因为一时心软就妥协让步，一定要让孩子坚持下去。

Part 3

自己的事情自己做

Zijide Shiqing Zijizuo

对孩子独立生活能力的培养是对孩子真正的关心和爱护，让孩子从小养成自己的事情自己做的习惯是对孩子最基本的要求，溺爱孩子、过分呵护孩子只会让孩子在将来的生活中吃尽苦头，还会阻碍孩子正常的发展。

让孩子穿衣合体

卡尔·威特讲故事

有的父母比较喜欢打扮，喜欢穿新奇的衣服，将自己打扮得非常艳丽，走在街上成为人群中的焦点；而有的父母则不修边幅，经常因为懒惰而衣冠不整，也同样引起别人的嘲笑。当孩子看到自己的父母被其他孩子讥笑时，就会感到难堪。不仅如此，还会给孩子的心理带来不好的影响。

有一位母亲，把自己的女儿送到女子学校去，还省吃俭用给女儿买各种时髦昂贵的衣服，但她的女儿却不因此而感激她。有一次，这个小女孩对卡尔·威特说："我妈妈给我穿那么花哨的衣服，别人都暗地里取笑我，我感到非常难堪。其实从我四岁起，就因为妈妈让我穿得太花哨而感到难为情。"

卡尔·威特的妻子对卡尔·威特说："做母亲的不应该这样，她虽然是为了女儿好，为女儿做了很多，但还是失去了女儿的尊重。也许会有人责备她女儿无情，但我觉得，虽然这位母亲在女儿身上花了很大的工夫，并把女儿送到了女子学校去，但是，她还是没有尽到做母亲的真正义务。"

卡尔·威特大学堂

什么样的穿着才能赢得别人的尊重，起码不让人反感？并不是越昂贵越时髦的衣服就越能赢得尊重，衣着整洁大方、穿着得体才能给人留下美的感受。父母就是孩子的榜样和范本，父母的穿衣风格会在不经意间影响孩子，不得体的穿着会遭到别人的嘲讽，会影响孩子的自尊。而且，衣冠不整的人精神往往也散漫，散漫的坏习惯会缠绕一个人一辈子，这对个人是非常不利的。所以，父母给孩子的穿着一定要合体、衣冠端正，要给人精神抖擞的感觉。

经典游戏指导

学穿衣服

适合年龄：2～6岁　　道具准备：衣服

训练方法：

❶ 把衣服从衣架上摘下来，解开纽扣，打开前襟。

❷ 左手提右边的衣襟，让右手先穿过袖子。

❸ 右手穿过袖子后放开左手，然后右手伸到后面把衣服披到右边肩膀上，右手提左边衣襟，让左手伸到袖子里。

❹ 把两边的衣襟对齐，扣好纽扣，一边看镜子一边整理衣服，当里面穿的是长袖衣时，要用手握住内衣袖口，再伸手穿衣。

教育心语

只有在快乐的心情中方能达到最有效的学习效果。

学挂衣服

适合年龄：2～6岁　　道具准备：衣架、衣服

训练方法：

1. 把衣架拿到面前，将衣服的左右前襟向两边拉开。
2. 衣架两端分别伸进衣服肩部，将前襟合拢，扣上扣子。
3. 将衣架连同衣服挂在钩子上。
4. 要为孩子准备高度适宜的钩子，避免因为攀高导致的安全隐患。

教育心语

父母关注什么行为，这种行为就会逐渐形成孩子的习惯。因此，父母应该多加关注孩子好的一面，对良好行为给予及时、恰当的奖励，而对不良行为采取漠然处之的态度，让它没有加深印象的机会。

我会系漂亮的蝴蝶结

适合年龄：3~6岁　　道具准备：长条带子

训练方法：

1. 用右手把左边带子拉向右边。用左手把右边带子拉向左边。
2. 两条带子交叉，右手把在上面的带子从交叉点下方穿过，用左手接住，然后左右拉紧。
3. 将左边的带子绕个圆圈，并用拇指、食指捏住。
4. 将右边的带子在圆上绕一圈，再从新绕的圆圈中间穿过。
5. 两手抓住已穿过的带子，同时向左右两边拉，系成蝴蝶结。

教育心语

父母是孩子的表率，不论是衣食住行还是生活习惯，都要给孩子起到好的示范作用，让孩子从小就养成良好的生活习惯。让孩子学穿衣服、系蝴蝶结是一件比较难的事情，但父母一定要有耐心教孩子，不能因为孩子一两次穿不上就放弃，这也是锻炼孩子精细动作能力的好机会。

扣纽扣

适合年龄：2岁以上　　**道具准备：**带扣子的衣服

训练方法：

一、解开扣子

1. 由上至下开始解开扣子。
2. 左手拇指、食指拉住扣孔边的衣襟，右手捏住纽扣，把纽扣向右下方稍微扭转，让它从孔中脱出来。
3. 左手捏住穿过的纽扣，并把它拉出来。
4. 以相同的方法解开剩下的扣子。

二、扣上纽扣

1. 左右前衣襟合在中央，由上开始扣上纽扣。
2. 左手捏住纽扣，右手捏住扣孔，让扣孔和扣子相合。
3. 左手把纽扣穿入扣孔，右手捏住穿出的纽扣，并把它拉出来。
4. 用同样的方法扣上剩下的扣子。

教育心语

孩子天生是不喜欢反复地做同一件事的，但在重复的过程中，孩子可以熟中生巧。

干净的孩子招人爱

&卡尔·威特讲故事

小卡尔的母亲非常注意让小卡尔保持身体的清洁卫生，从小卡尔一岁起就教他洗手、洗脸、刷牙，一天要洗几次，早起和晚上睡觉之前都要刷牙，吃完糖果、饼干和甜点之后也要刷牙，还让他从小就用手绢擦鼻涕。小卡尔的母亲分寸把握得非常好，并没有让小卡尔染上好打扮、爱漂亮的习惯。

卡尔·威特培养小卡尔从小就喜欢洗澡的习惯，如果水温过高或过低，孩子就不愿洗澡，所以卡尔·威特一开始就注意调节水的温度。卡尔·威特和妻子每天都给小卡尔洗澡，按摩手脚，这样既能发展他的触觉，又能促进血液循环和肢体的灵活性。

&卡尔·威特大学堂

养成良好的卫生习惯对每个人来说都是大有好处的。良好的卫生习惯不仅能保证孩子身体健康成长，预防疾病，身体的清洁还能促使孩子保持自尊心，这对孩子心理的健康发展也有很重要的意义。

婴幼儿时期是培养孩子良好卫生习惯的重要时期，孩子这个时期培养起来的好习惯会使他受益终生。洗手、洗脸、刷牙、洗澡等习惯是孩子在幼儿期一定要培养起来的，父母不要因为孩子开始时做不好或心疼孩子而全部为孩子代劳，这对孩子的成长是非常不利的。

经典游戏指导

饭前便后要洗手

适合年龄：1～6岁

训练方法：

1. 带孩子走到洗手池边，先将袖子卷起，动手打开水笼头，把手冲湿，关好水龙头。
2. 在双手上打肥皂，两手互搓手心、手背、指缝和指尖。
3. 再打开笼头，将手冲干净，关上笼头，用毛巾将手擦干，整理好衣袖。
4. 最初由父母边帮孩子做边一步一步地讲解，然后让孩子单独地做，在孩子出现错误时，提醒他。
5. 告诉孩子饭前便后要洗手，玩游戏结束了要洗手，教孩子洗手一方面能满足他“玩水”的愿望，另一方面也能训练他的自我清洁能力。

教育心语

好的厨师必然要有一间好的厨房，否则，他不可能做出任何可口的饭菜；能工巧匠必须要有合用的工作场所，否则他不可能做出美的家具。同样，一个在接受教育的孩子必须要有一个良好的学习环境，否则，再怎么聪明的孩子也一定不会取得优异的成绩。

洗脸抹香香

适合年龄：1～6岁

训练方法：

❶ 卷起袖子，打开水龙头，让水的流量稍小些。

❷ 两手并拢，接少许的水，低下头，两手掌从下颌开始，到额头洗一遍。

❸ 再接少许水，重复刚才洗的动作，甩一甩手上的水，用毛巾擦干脸上、手上的水。

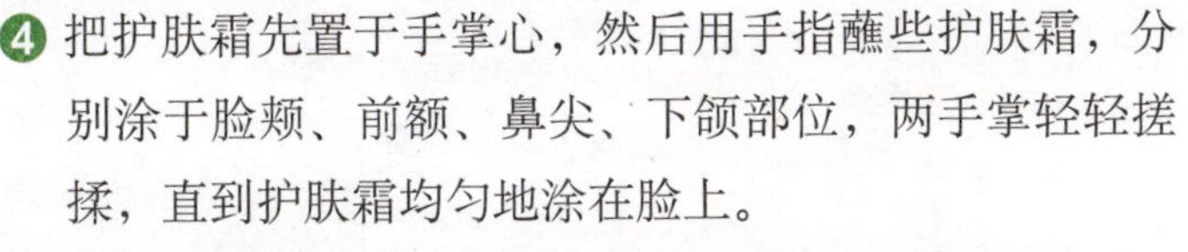

❹ 把护肤霜先置于手掌心，然后用手指蘸些护肤霜，分别涂于脸颊、前额、鼻尖、下颌部位，两手掌轻轻搓揉，直到护肤霜均匀地涂在脸上。

❺ 用抹布把洗手台上的水擦一擦，最后放下袖子。

教育心语

从小对孩子独立能力的着重培养，可以使孩子自然而然地形成了自立自强的品质和独立自主、毫无依赖意识的精神和人格。

剪指甲

适合年龄：1～6岁　　道具准备：指甲刀

训练方法：

❶ 和孩子一起念剪指甲的儿歌："小剪刀，张嘴巴。不吃鱼，不吃虾，爱吃宝宝的长指甲。"

❷ 告诉孩子指甲长了要剪掉，否则指甲里面会有细菌，不干净。

❸ 给孩子剪指甲时可让孩子观看父母是怎样剪的，消除孩子的恐惧情绪，让他形成爱剪指甲的好习惯。

教育心语

指甲缝里容易藏细菌和虫卵，过长的指甲不容易将其清洗干净，孩子喜欢用手抓食物吃，这必然会将脏东西带入口中，进而引起疾病。所以父母一定要定期给孩子剪指甲，最好一周剪一次，慢慢培养孩子勤剪指甲的习惯。

收拾碎屑

适合年龄：4~5岁　　**道具准备：**小簸箕、小刷子、湿抹布

训练方法：

1. 父母教孩子右手拿小刷子，从四周向中心把碎屑扫在一起。
2. 左手拿小簸箕，将集中在一起的碎屑扫进簸箕里。
3. 把簸箕里的碎屑再倒进垃圾桶里，然后将簸箕、小刷子放回原处。
4. 用湿抹布把桌子擦一遍。
5. 妈妈不要嫌孩子收拾得不干净，要鼓励。同时鼓励孩子练习清扫地板上的碎片、尘土等。

教育心语

家庭中的劳动，孩子还是很有兴趣参加的。

培养孩子的自理能力

&卡尔·威特讲故事

卡尔·威特夫妇从小卡尔小时候就培养他的自理能力，只要是小卡尔能自己做到的事情，卡尔·威特夫妇从来都不去插手帮他。当小卡尔试着自己穿衣服时，他常常会穿反，但卡尔·威特夫妇从来没有嘲笑或责骂过他，而是耐心地教他该怎么穿。

小卡尔的母亲一边给他指导示范，一边看着他自己穿好。她从不催促小卡尔，而是耐心地说：“你可以自己穿上，慢慢来，不行妈妈再帮你，你忘了，你已经是个大孩子了。”

如果小卡尔还坚持自己不能穿，他母亲并不会理会这些，而是继续鼓励他：“你肯定能自己穿上，妈妈闭着眼睛数十下，看你能不能穿上。”如果小卡尔能继续下去，他母亲就会表扬他，如果小卡尔开始哭起来，不做任何努力，他母亲这时就不理他。当小卡尔发现自己哭闹并不能引起母亲的同情时，他只能继续尝试靠自己的努力解决问题。

&卡尔·威特大学堂

培养孩子的生活自理能力是孩子独立生活的基础，在幼儿时期孩子需要学会的自理能力包括洗漱、穿脱衣服和鞋袜、独自进餐、整理玩具等。要让孩子养成自己的事情自己做的习惯，这样孩子长大后才会尝试着自己解决问题，而不是处处依赖别人。对于幼儿来说，让他学会这些自理能力并不是一件非常容易的事，他们需要学习的东西很多，学习的过程中可能还会有些曲折，父母要帮助孩子安排一个进度表，让孩子一样一样地学，逐渐增多。

经典游戏指导

拉拉链

适合年龄：3～6岁　　**道具准备：**带拉链的衣服

训练方法：

❶ 拉开拉链：左手按住前襟的上方，右手食指、拇指捏住拉链的拉环，轻轻地往下拉；随着右手向下拉，左手也跟着往下移；左手用力按住左襟，右手抓住拉环用力向下拉，使拉链左右分开；把两边的衣襟向左右张开。

❷ 拉上拉链：在中央合上左右衣襟，两手把拉链底部套上，即：将左边的拉链头朝右边有沟的地方由上往下套到底；左手按住右襟的下方，右手捏住拉环，朝上方轻轻拉上去。

❸ 在最初的练习中，父母可以把衣服放在桌子上让孩子进行拉拉链的练习，待动作、技能熟练后，再把衣服穿在身上进行练习。

教育心语

对孩子说："我要求你成为一个高尚的人，但不想让你变成一个什么都不会而只会读书的人。在我的心目中，能够掌握大量知识又有实际生活能力的人才是真正高尚的人。"

系鞋带

适合年龄： 3~6岁　　**道具准备：** 稍微大一点的鞋

训练方法：

1. 父母让孩子先将鞋拿到沙发跟前，坐在椅子上把拖鞋脱掉。
2. 确定鞋子的左右。
3. 右脚先找到右侧的鞋子，把脚尖伸进鞋内，用手抓牢鞋子的后部，往后拉，让整个脚进去，最后把脚跟套上。
4. 用同样的方法穿上另一只鞋。
5. 刚开始练习时先让孩子穿比他的脚大一点的鞋，注意不要让孩子太用力。

教育心语

学习不应该成为孩子们的一种工作，也不应该是孩子的一种压力，更不应该是成长中的烦恼，而应该是一个所有人都乐于接受的爱好，应该是为生活增添色彩的美好事物。

洗手绢

适合年龄： 3~6岁　　**道具准备：** 手绢、脸盆、肥皂

训练方法：

1. 为孩子系好防水围裙，把脏手绢浸在水中，然后拿出来放在洗衣板上，铺平手绢，涂上肥皂。
2. 左手按着手绢，右手从近处向外搓。
3. 将洗完的手绢浸在水中，拧去水，放在另一个洗衣盆中。
4. 在父母的协助下倒掉污水，换好清水，把手绢放入清水中搓洗，拧干。
5. 把手绢抚平，搭在晒衣绳上，并用夹子夹紧。整理洗衣用具，脱下围裙，擦干双手。

教育心语

父母要尽量鼓励孩子去做一些力所能及的事情，当他碰到问题时，要鼓励他自己想办法，而不是直接替孩子解决事情。每解决一个困难，孩子就会前进一步，父母不要剥夺孩子成长的机会。

给苹果穿衣

适合年龄：2岁以上　　道具准备：纸、硬纸片、画笔、胶水、剪刀

训练方法：

1. 父母拿出准备好的一些红颜色的纸，和孩子一起将纸撕成碎片。
2. 在硬纸片上画一个苹果的雏形，让孩子为“苹果”添上“柄”。
3. 给孩子一瓶胶水，让他给苹果娃娃穿上红衣服，将红色的碎纸片贴在轮廓线内。
4. 完成后，沿轮廓线将“苹果”剪下来，让孩子请家人“吃苹果”。
5. 画苹果时，轮廓线一定要清晰。提醒孩子将纸片贴在轮廓线内，注意将红色朝上贴。

教育心语

世界上最有力的论证莫如实际行动，最有效的教育莫如以身作则。

独立，让孩子更快成长

&卡尔·威特讲故事

有一个孩子，他的父亲在他很小的时候就去世了。孩子的母亲因此就加倍疼爱他，什么都不让他做，当这个孩子长到四岁时，母亲还是整天亲自喂他吃饭、帮他穿衣。当孩子再长大一些时，他还是不会自己吃饭、穿衣、穿鞋，可是跟他同龄的那些小伙伴这些事情都做得非常出色，相比之下这个孩子就显得手忙脚乱。有人劝说这个母亲，要让孩子自己去完成这些事情，可是他的母亲却说："儿子就是我的一切，我愿意为他做出任何牺牲。"

&卡尔·威特大学堂

无疑，这位母亲的做法是非常错误的，她自以为为孩子做了一切，是为孩子好，其实她是害了孩子，剥夺了孩子成长的机会，甚至扼杀了孩子的潜能，让孩子长大后只能成为一个处处依赖他人的无用的人。这位母亲虽然为孩子付出了一切，但她并不是一个合格的母亲，她对孩子所谓的爱其实是对孩子的可怜，在这种教育下长大的孩子会这也不愿意学，那也不会做，长此以往，孩子就会觉得自己处处不如别人，产生自卑感，这样的孩子将来是不能适应社会的。

经典游戏指导

收拾玩具

适合年龄：3~6岁　　道具准备：各种玩具、玩具箱

训练方法：

1. 让孩子将自己的玩具都拿出来，摆在地板上。
2. 父母教给孩子该怎样整理玩具，比如毛绒玩具要放在哪里、汽车类的玩具放在哪里、芭比娃娃放在哪里、积木和拼图放在哪里、画具放在哪里、故事书和绘本放在哪里等。
3. 让孩子记住这些玩具的位置，不玩的时候要将这些玩具放回原处。
4. 孩子每次玩耍后，父母要提醒孩子整理玩具。

教育心语

父母要对孩子好的行为给予及时夸奖。如果孩子没有做到，千万不要责备。孩子偶然做到就是一个不小的进步。只要孩子表现出良好的行为，父母就应该及时进行正面强化，巩固这种行为。

擦擦我的小桌子

适合年龄：3～6岁　　**道具准备：**防水围裙、盆、水壶、抹布等

训练方法：

1. 给孩子系上围裙，把水壶里的水倒入盆里。
2. 将抹布放入盆中，然后用拧毛巾的方法把布拧干。
3. 从左向右擦拭桌子，然后把抹布放进盆里洗一洗，再拧干。
4. 在父母的协助下，把用过的水倒掉。
5. 还可以趁此机会，让孩子学着整理自己的小书桌。

教育心语

一个孩子的精力若不用到有益的方向，就会成为破坏的力量；而只要养成了勤恳的习惯，恶魔便无机可乘了。

我是小小清洁员

适合年龄：3~6岁　　**道具准备：**适合孩子使用的扫帚、簸箕、碎布头

训练方法：

❶ 用粉笔在地板上画上个小圈，把碎布头撒倒在地上。

❷ 右手握住扫帚，把碎布头向圆圈中心扫。

❸ 当全部碎布头都集中扫在圆圈中心后，左手拿簸箕，把碎布头扫进簸箕里。

❹ 完成后，将用具放回原处。熟练之后，可以让孩子整理自己的小房间。

教育心语

让孩子独立完成一些家务能使他体会到家人的辛苦，这一方面能促使孩子自发地去为父母分忧，主动承担起自己力所能及的家务劳动；另一方面也能促进孩子心智方面的成长，培养孩子独立生活的能力和意识。

Part 4

养成生活有条理的好习惯

Yangcheng Shenghuo Youtiaolide Haoxiguan

有条理的生活会让人过得更加舒服和自在，而幼儿时期是孩子的“秩序敏感期”，此时培养孩子有条理的习惯能够事半功倍，能让孩子轻松养成好习惯并终生受益。培养孩子的好习惯，父母首先要以身作则，起到示范作用，其次还要监督孩子，将孩子不良习惯的苗头扼杀在萌芽状态。

切忌孩子贪食

&卡尔·威特讲故事

卡尔·威特夫妇深知贪食会给孩子造成非常不良的影响，所以他们严禁小卡尔随意进餐或者吃点心零食。有时候为了让小卡尔明白身体健康和合理饮食的重要性，卡尔·威特在遇到朋友孩子生病时，会带着小卡尔前去探望，让他有机会深刻体会到疾病带来的痛苦。

有一次，卡尔·威特带着小卡尔在外散步时碰到了他一个朋友的孩子，在与这个孩子交谈中，卡尔·威特问这个孩子他的弟弟是不是生病了。这个孩子非常惊讶，问卡尔·威特是怎样知道的。

因为卡尔·威特早就知道他弟弟有贪食的毛病，所以过了圣诞节肯定会因为贪吃而生病，事情果然如此。卡尔·威特带着小卡尔去探望那个生病的孩子，他们看到，那个孩子哪也不痛，只是呻吟不止。卡尔·威特在和生病的孩子交谈他如何生病时，非常注意让小卡尔也听到，这是对小卡尔最好的教育。

&卡尔·威特大学堂

孩子贪食的不良习惯不是天生就有的，而是父母的无知和纵容造成的。很多父母认为只要让孩子吃好喝好身体健壮就行，于是无节制地给孩子吃各种有营养的东西。结果却适得其反，孩子的身体不但不健康，而且变得肥胖和虚弱。

卡尔·威特为了使小卡尔不在饮食上受到伤害，他非常注重培养小卡尔养成良好的饮食习惯。在用餐的时候，尽量让小卡尔心情愉快地吃东西，这对促进孩子身心发展的各方面都有帮助。

经典游戏指导

吃水果咯

适合年龄：2~6岁　　道具准备：纸、笔

训练方法：

❶ 父母和孩子一起制定孩子每天吃水果的时间、种类和数量。

❷ 父母给孩子列出水果的种类，让孩子自己选择每天吃什么，让孩子自己规定吃水果的时间和数量。

❸ 父母给孩子画一个表格，标明日期、吃水果的时间、种类、数量。

❹ 让孩子自己将表格填好，水果种类可以让孩子画图，比如周一吃苹果就在“种类”一栏里画个苹果。

❺ 将表格贴在墙上比较显眼的地方，告诉孩子他要按照这个规定来吃水果。

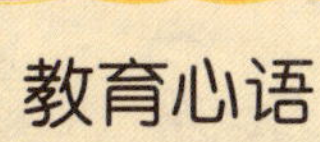

教育心语

身体健康是非常重要的事。除了注意饮食，也应该让孩子多参加体育运动。

宝宝自己吃

适合年龄：1～2岁　　道具准备：点心、爆米花、勺子

训练方法：

1. 把点心放在盘子里，鼓励孩子自己用手拿点心吃。
2. 在碗里面盛上半碗爆米花，给孩子一把勺子让他先拿着勺柄玩，然后慢慢教他持勺舀米花。
3. 注意不要让孩子拿掉在地上的点心，以及撒在桌上的米花吃。父母教孩子时要有耐心。

教育心语

纠正孩子贪食的坏毛病一定要让他养成定时进餐的习惯，如果能定时进餐，而且当餐吃饱吃好，这样在非进餐时间便不会想吃其他东西，于是贪吃的习惯可以减少甚至克服，还要让孩子少吃或不吃零食，但可以多吃水果，一般放在两顿正餐之间或吃饭之后，这样就不会影响孩子正常的吃饭了。

吃到了！

适合年龄：1岁半以上　　**道具准备：**盘子、筷子、各种形状的饼干

训练方法：

❶ 父母先将盘内放置一些各种形状的饼干，再拿一双筷子放在孩子面前，观察孩子的反应。

❷ 观察孩子是以哪只手拿筷子，哪只手拿饼干。

❸ 试着引导孩子用筷子去夹起饼干，观察孩子尝试的结果及孩子的反应。

❹ 游戏前手要洗干净，进食后也要洗手。用筷子夹饼干的难度会较高，失败的几率也大，因此，不必要求孩子做出精细的动作，只要做到了，便应多加鼓励。

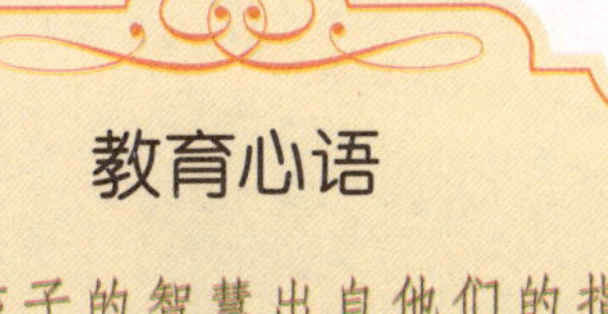

教育心语

孩子的智慧出自他们的指尖。

不要用食物贿赂孩子

&卡尔·威特讲故事

卡尔·威特认为食物不应当是对孩子的一种款待和义务，父母切忌用食物来贿赂孩子，也不要用禁止他进食来惩罚他。父母最好不要花费时间和精力将食物当做惩罚奖励或者威胁利诱的手段来教育孩子。要把管教孩子跟食物之间的关系区别开来，给孩子营造一种轻松的用餐气氛和环境，让他能独立愉快地进食。

很多父母太过重视孩子吃饭的事情，总是担心孩子不吃或者吃太少，每当用餐时就十分紧张，用全部精力去管教孩子，孩子这样吃不好，那样吃也不对，这无形中就给孩子造成了一种心理压力。长此以往，孩子就会将吃饭当成一种负担，这不仅给孩子带来了负面影响，还给父母增加了不必要的麻烦。

&卡尔·威特大学堂

吃饭是为了保持身体的各项机能正常工作，是一件自然而然的事情。如果父母把吃饭当做和孩子交易的筹码，他好好吃饭就奖励他，不好好吃饭就惩罚他，那孩子就会抓住父母的这个弱点来“威胁”父母，动不动就拿“不吃饭”来“要挟”父母满足他的欲望。父母要让孩子明白，食物不是对他的款待和义务，不吃饭只会造成他自己身体上的不适，而对别人毫无影响。

经典游戏指导

我来摆餐具

适合年龄：3~6岁

训练方法：

1. 让孩子按照就餐的人数摆放相应的椅子，然后洗干净双手。
2. 对应着椅子，在餐桌上摆放碗。
3. 让孩子在碗的右侧摆放一双筷子，并在自己坐的位置多放一把勺子。
4. 在碗的左侧放一张餐巾纸，准备吃饭。
5. 让孩子参与餐前准备工作，能提高他吃饭的兴致。

教育心语

得到他人的承认和鼓励有时往往会成为把一件事做好的动力。在孩子成长的过程中，经常表扬他，目的就是为了他能更好地学习或做他应该做的事。同时，也应常常教孩子学会怎样鼓励别人或表扬别人以便能得到他人更多方面的帮助。

收拾餐具

适合年龄：3～6岁　　道具准备：吃完饭后的餐具、抹布

训练方法：

❶ 吃完饭后，让孩子帮忙收拾餐具。

❷ 先把用过的碗摞到一起，把筷子收在一起。

❸ 再把盛菜的盘子和碗端到厨房，让孩子一次只拿一样东西。

❹ 父母洗碗，可让孩子擦桌子，给孩子准备好抹布，让他把桌子擦干净。

教育心语

良好的用餐习惯不仅能让孩子的身体健康成长，还能使孩子懂事、有礼貌。孩子在家养成良好的用餐习惯后，能更好地适应幼儿园的生活，和其他孩子相比他会更有自信，这对孩子的身心发展都能起到积极的影响。

水果色拉

适合年龄：3岁以上　　道具准备：一套塑料小刀叉、水果、色拉酱

训练方法：

❶ 父母把准备好的一套幼儿用的塑料小刀叉递给孩子，让孩子挑选自己喜欢的水果进行清洗。

❷ 让孩子按自己的意愿切水果（可以切成三角形的、方形的、梯形的、条形的）。

❸ 然后再让孩子拌上自己喜欢的色拉酱。让孩子仔细品尝自己的劳动成果，这样既发展了孩子的大小肌肉的控制能力和手眼协调性，又培养了孩子的独立意识和成就感。

教育心语

要培养好孩子，首先要培养孩子的独立意识，肯定孩子的优点，使他获得成就感。

让孩子自觉拒绝零食

&卡尔·威特讲故事

由于卡尔·威特从小就培养起了小卡尔良好的用餐习惯，所以小卡尔从来没有因为吃得过多而伤害了胃，而且小卡尔对于食物已经有了良好的自制力，不会被美食诱惑而忘记用餐习惯。卡尔·威特基本上每次带小卡尔去朋友家做客，主人都会非常热情地拿出精美的点心来款待他们，可是不管是多么可口的点心，小卡尔都不会动心，坚决不吃。朋友们看到小卡尔这样的表现，觉得不是他真心的，而是因为父亲在身边不敢吃，其实这完全是小卡尔自愿的，他已经养成了正确的饮食习惯。

为了证明小卡尔真的是自愿的，卡尔·威特借口有事走出了屋子，只留小卡尔自己在里面，这时主人再次热情地请小卡尔品尝这些点心，小卡尔依旧拒绝了，主人甚至告诉小卡尔不用担心父亲会知道，吃一块没事的，但小卡尔说："谢谢，但是我真的不吃，不是因为父亲不让我吃，而是我自己真的不想吃，我只在每天特定的时间里吃点心和零食。"

&卡尔·威特大学堂

卡尔·威特的朋友之所以会那样认为，是因为他们在用自己孩子的标准来看小卡尔，但事实证明他们错了，他们不知道小卡尔的自制力。小卡尔并不是特殊的例子，只要父母从孩子小时候对他进行这方面的教育，他们也会像小卡尔那样形成良好的进食习惯，自觉抵制零食的诱惑，这并不是件多么困难的事情。

经典游戏指导

我不吃

适合年龄：2～6岁

训练方法：

1. 让孩子养成良好的饮食习惯，不吃零食或少吃零食。
2. 当在外面遇到别人给孩子零食时，要让孩子学会拒绝，学会说“不”。
3. 父母不要觉得让孩子拒绝了别人给的东西就是不给对方面子，可以教给孩子礼貌地拒绝方法，比如“谢谢阿姨，我不吃这个零食”等。
4. 去别人家做客，父母要提前告诉孩子在别人家不能吃太多东西，点心和零食要少吃。

教育心语

如何教育3岁以前的孩子呢？大致是两方面的内容：一方面是反复灌输语言、音乐、文字和图形等所谓奠定智力的大脑活动基础的模式；另一方面则是输入人生的基本准则和态度。

逛超市

适合年龄：3~6岁　　道具准备：吃完饭后的餐具

训练方法：

❶ 带孩子去超市买东西。

❷ 在买东西时父母多给孩子讲讲需要买什么，为什么要买这样东西，为什么买这件而不买另一件。

❸ 让孩子选择自己想买的东西。

❹ 如果孩子选择的是一些健康食品，父母要及时表扬肯定孩子；如果孩子选择了一些包装艳丽的垃圾食品，父母要仔细给他讲清楚这种食品有什么危害，还可以拿健康食品和垃圾食品作比较。

教育心语

父母只要在三餐中给孩子提供足够的可以满足身体营养需要的食物就可以了，不必因为担心孩子挨饿而给孩子备足零食，这样会让孩子觉得反正饿了还有吃的，从而养成不好好吃正餐的习惯。

再富不能富孩子

卡尔·威特讲故事

卡尔·威特有一个非常富有的朋友，他非常溺爱自己的孩子恩斯特，恩斯特的零花钱几乎是小卡尔的十倍，他觉得这是应该的，他觉得自己很富有，他的儿子也应该过着十分豪华的生活。

由于“富有”，恩斯特很快成了那些坏孩子追逐的对象，这些坏孩子讨好他、奉承他、恭维他。恩斯特就把从父母那里得来的零花钱随意请他们吃喝，有时还给他们钱。和那些坏孩子交往的过程中，恩斯特渐渐发现了金钱的力量，于是当有孩子不听从他的指令或与他有矛盾时，他就花钱买通别的孩子去打他。时间一长，恩斯特变得蛮横无理、性格暴躁。有一次一个农夫在路上不小心撞了他一下，他就命令那些孩子将那个农夫打得头破血流。那些坏孩子还引诱他参加赌博，并用事先想好的计谋让他输，用各种卑鄙的手段骗他的钱。

卡尔·威特大学堂

在那些坏孩子的影响下，恩斯特的精力都用在吃喝玩乐和打架赌博上，他认为学习是没用的，金钱才是万能的，让他看书学习的时候他就头痛，而和那些孩子在一起胡闹时，他才觉得自在和舒服。可想而知，恩斯特长大后会成为怎样的一个人。

我们现在常说“再穷不能穷教育，再富不能富孩子”，如果孩子很轻松的就能从父母那里得到金钱方面的奖励，就会导致他毫不珍惜这些钱，把钱用到不该用的地方，还会使他产生什么都很容易得到的想法，以致长大后不会为自己的生存奋斗，变得懦弱和堕落。

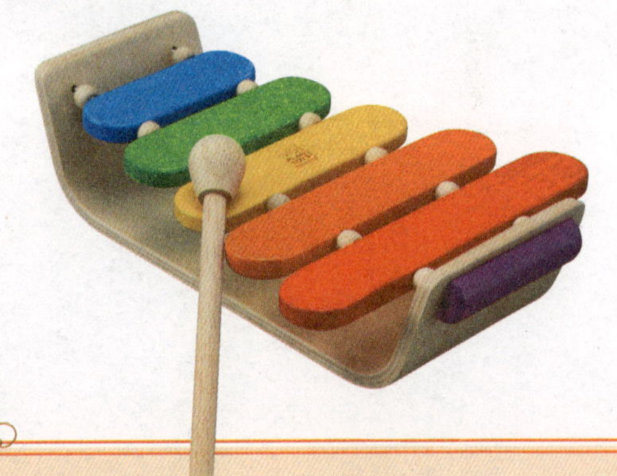

经典游戏指导

这是多少钱

适合年龄：2～6岁　　道具准备：各种面值的纸币

训练方法：

1. 父母准备各种面值的纸币，最好不要用硬币，防止孩子吞咽下去。
2. 父母教孩子认识不同面值的纸币，可以从颜色、大小、图案等方面来区别。
3. 教过几次后，看看孩子能不能区别出来。
4. 让孩子按照纸币面值的大小从小到大排序。

教育心语

金钱本身并不是罪恶的渊泉，谁也否认不了金钱对于人的生活是不可或缺的。既然孩子早晚都必须面对这个东西，为什么不早一点教他们认识它呢？

谁的钱多

适合年龄：2～6岁　　道具准备：纸币

训练方法：

1. 准备一些各种面值的纸币，父母和孩子各自抓一大把，看谁抓到的钱多。
2. 每人抓一把钱放在自己面前，父母问孩子："到底谁的钱多呢？"鼓励孩子想办法。
3. 告诉孩子不是谁的钱张数多就是钱多，而是这些纸币的面值加起来谁的多就是谁的钱多。
4. 让孩子想一想，抓什么样的纸币才能让自己的钱增长得快。

教育心语

及早让孩子树立金钱的观念，再多方面加以指导，懂得珍惜金钱，又不过分依赖金钱。

奖励一个拥抱

适合年龄：1~6岁

训练方法：

❶ 给孩子分配一个任务，比如让他早上自己穿衣服。

❷ 当孩子完成任务后，父母奖励给孩子一个拥抱，表扬他。

❸ 当孩子在生活中取得每一次进步时，父母都要及时地给予奖励，这种奖励并不是说要给孩子金钱或物质奖励，一个吻、一个拥抱、一句赞扬就足以让孩子兴奋和满足。

教育心语

孩子表现好，父母给予孩子奖励是应该的，这是一种对孩子的肯定和鼓励，能激励孩子继续朝好的方向努力。但奖励给孩子什么东西则要慎重，尤其是不能随便拿钱奖励给孩子，这样会导致孩子为了奖励才好好表现，为了钱才去学习，那样的话，父母的做法就会适得其反。

教孩子正确支配零花钱

&卡尔·威特讲故事

卡尔·威特会定期给小卡尔零花钱，有时小卡尔学习好或做了好事，他还会奖励给小卡尔一个戈比作为报酬。但小卡尔并没有养成乱花钱的坏习惯，他把父亲给他的钱好好保管起来，他的每一笔开支无论是买文具还是买书本都会告诉父亲，并且时常征求父亲的意见。

有一次，卡尔·威特忽然发现小卡尔的零花钱少了许多，这让他感到非常奇怪。当卡尔·威特问起这笔忽然“消失”的钱时，小卡尔告诉了父亲一件令人非常感动的事。

原来小卡尔认识了一个农夫的儿子豪斯，由于家境贫寒，豪斯没有机会去上学，可是他又非常热爱学习。豪斯非常想看书，可是他家里没有书本，于是他想让小卡尔给他讲讲书里的故事。小卡尔像找到了一个知己一样给豪斯讲了好多故事，还跑回家给豪斯拿了一些纸和笔，还从自己的积蓄中拿出了20戈比给他。小卡尔对豪斯说：“这是我对你微不足道的帮助，虽然很少，但也是我的一点心意，我希望你从现在开始好好地学习，上帝是不会辜负你的愿望的。”

&卡尔·威特大学堂

很多人很奇怪卡尔·威特为什么用钱来作为给小卡尔学习的奖励，卡尔·威特说这是为了让小卡尔懂得“学习能带来现实幸福”的含义而采取的一种比较实际的方式，但是卡尔·威特不会给小卡尔太多金钱，而且要让孩子养成合理支配零花钱的好习惯。卡尔·威特告诉小卡尔，钱只是一种工具和手段，他教育小卡尔如何使用钱的目的并不仅仅是让孩子学会攒钱或一定要让他经商，而是要让他成为一个能干的、健全的、真正有爱心的人。

经典游戏指导

买东西

适合年龄：3～6岁　　道具准备：玩具等物品

训练方法：

1. 父母和孩子玩过家家的游戏。
2. 父母扮演商店的售货员，孩子扮演顾客。
3. 孩子挑选自己喜欢的物品，然后问售货员多少钱。
4. 让孩子拿钱付账，最好是钱刚好，如果需要找零，父母问孩子该找给他多少钱，让孩子数一数找给他的钱对不对。

教育心语

教会孩子如何用钱的最好办法莫过于让他参与家计的经营管理。因为理财是最实际的能力，所以光讲道理没什么作用，实际体验才是最有效果的学习方式。

存 钱

适合年龄：2～6岁　　**道具准备：**储钱罐

训练方法：

❶ 让孩子把零花钱放到储蓄罐里。

❷ 等攒到一定金额时，问孩子打算把这些钱用来做什么，买玩具、书，还是零食？

❸ 引导孩子合理支配自己的零花钱，不要去买不需要的东西。

❹ 鼓励孩子拿出自己一部分钱，捐给需要帮助的人，比如孤儿院的孤儿、受灾地区的灾民，或买些礼物送给敬老院的老人等。

教育心语

恰当地对待金钱，培养孩子正确的金钱观、价值观。

我来付账

适合年龄：4～6岁　　道具准备：纸币

训练方法：

1. 带孩子到超市，让孩子选择自己要买的物品，但注意不要让孩子买零食。
2. 教孩子看商品的价格标签，父母和孩子一起算一算孩子拿的商品总共多少钱。
3. 让孩子把自己的物品拿到收银台结账，结账时把钱给孩子，让孩子自己结账。
4. 让孩子数一数找回来的零钱，看对不对。

教育心语

小卡尔能把自己的钱用于帮助爱学习的小伙伴，这样的行为对小孩子来说是难能可贵的，即使是成年人也很少有人能做到。这就需要从小养成理财的好习惯，让孩子从小学会支配他的零花钱，这对于孩子将来理财非常有好处。

Part 5

尊重是一种习惯

Zunzhong Shi Yizhong Xiguan

如果孩子从小没有养成尊重别人的习惯，长大后就会骄横无礼、目中无人，不会为别人考虑，这样的孩子是不会受人欢迎的。而孩子若养成了尊重别人的习惯，那孩子从小到大就能和别人融洽相处，在将来的生活、学习、工作中也会如鱼得水。

孩子也需要尊重

&卡尔·威特讲故事

卡尔·威特曾经认识一位对孩子特别好的父亲，这位父亲一切都为孩子着想，不论衣食住行还是学习用具，他都给孩子最好的。但是，在为孩子创造如此优越成长条件的同时，他却忽略了更为重要的因素，那就是孩子自尊心的培养。

这位父亲始终把孩子当做完全不懂事的人，任何事情都武断地替孩子决定，既不信任孩子，也不鼓励孩子信任自己。他经常不许孩子做这个，也不许孩子做那个，甚至会监视孩子的行动。这个孩子在父亲的压力之下，渐渐失去了自信，总认为自己是个无能和永远犯错误的人，到后来，这个孩子的自尊心就完全消失了。

&卡尔·威特大学堂

虽然卡尔·威特对小卡尔要求非常严格，但是无论何时，卡尔·威特都把儿子当做成年人看待，始终和孩子处在平等的位置上，并不因为自己是父母而替小卡尔做任何决定。但很多父母却以严格为借口而过于苛刻地对待孩子，使孩子的自尊心受到非常大的伤害，这对孩子的健康成长非常不利。

经典游戏指导

宝宝自己决定

适合年龄：2~6岁　　道具准备：衣服

训练方法：

1. 晚上临睡前，让孩子将自己明天要穿的衣服拿出来。
2. 如果孩子不知道该穿哪件，父母可以告诉他让他自己选择，想穿哪件就拿出哪件来。
3. 当孩子选择好衣服后，父母看一下可不可以，如果衣服不适合第二天穿，比如第二天降温，但孩子拿了件裙子，父母可以把理由告诉孩子，让孩子重新选择。
4. 第二天早上让孩子自己穿好衣服。

教育心语

教育上至关重要的就是不蒙蔽孩子的理性，不破坏孩子的判断力。有些父母为了某些生活或其他方面的原因使孩子接受自己错误的观点和思维，当然有时候这种做法似乎不得已而为之，但往往正是这些“不得已而为之”的做法最容易伤害孩子的判断力。

安排一天的活动

适合年龄：4～6岁

训练方法：

1. 周五晚上睡觉前，问问孩子明天想做什么。
2. 先让孩子将自己的想法说出来。
3. 再让孩子将他想做的事情做一个规划，看可不可行。
4. 父母在一旁给孩子提出建议，但不要武断地替孩子决定。

教育心语

孩子虽然需要父母的抚养，但他不是父母的私有物品，不是父母的附属品，归根结底，他是属于社会的，他有自己的尊严，有自己的思想和意识，父母不要以孩子还小为借口替孩子决定所有的事。父母要学会尊重孩子，让孩子享有本就属于他的权力，而得到父母尊重的孩子会更加自强、自爱。

我的好朋友

适合年龄：3～6岁

训练方法：

❶ 父母先跟孩子说明，大家来谈谈好朋友，问问孩子有几个好朋友。如果孩子不了解朋友的定义，爸妈可以加以解释：最喜欢一起玩游戏的人。

❷ 父母可以先告诉孩子，我的好朋友是某某某，她有长长的头发、我最喜欢听她唱歌，等等。

❸ 让孩子说出他心中的好朋友，加强他对朋友的概念，并学会欣赏别人的优点以及学会如何与别人互动。

教育心语

解放孩子的大脑，让他们能够自由地思考。

粗暴的教育会伤害孩子

&卡尔·威特讲故事

卡尔·威特曾给他的朋友讲过这样一个故事，故事是说一个小孩子特别喜欢家里的一只羊，经常一个人牵着羊去山坡上玩耍。可是有一天，孩子躺在山坡上睡着了，当他醒来时发现羊不见了，天快黑了，他还没找到羊，只好赶紧跑回家告诉父亲，想让父亲帮他一起找羊。没想到，他得到的只是一顿暴打，父亲将他推出门外，告诉他找不到羊就不许回家。

孩子在漆黑的山路上奔跑，他越跑越想不通，觉得自己在父亲心中连一只羊都比不上。后来，当他找到那只羊时，受到粗暴对待的孩子没有像往常那样去抱起这只羊，而是举起来一块大石头朝羊身上砸去。第二天，人们在山坡的一块岩石后发现了那只已经死去的羊，而那个孩子再也没有回家。父亲的粗暴和专制会在孩子身上留下永远都无法磨灭的阴影，这种阴影会让一个原本善良的孩子变成凶残的恶魔。

&卡尔·威特大学堂

不少父母在对待孩子的教育上非常严格，他们觉得只有严格教育才能将孩子培养成才，但在不知不觉中这些父母就把自己变成了专制的暴君，而把孩子变成了唯命是从的懦夫。这种父母碰见孩子不听话时的做法就是用粗暴的方式对待孩子，但这种做法的后果不仅不会使孩子正确认识到自己的错误，反而会使孩子对父母产生怨恨。

在孩子的教育问题上，父母要做的是以理服人，要注重讲道理，让父母感受到父母的尊重和宽容，而不是将孩子威慑在自己的权威之下。

经典游戏指导

家庭会议

适合年龄：3～6岁

训练方法：

1. 家庭成员商议一个固定的时间，每周都召开家庭会议。
2. 会议上大家轮流发言，说一说自己在前一周有什么感受，觉得哪些事情需要改进，受了什么委屈，自己哪些事做得不对需要检讨等。
3. 让孩子积极参与进来，不管孩子说得完不完整，要让孩子发表自己的意见。
4. 开会的氛围要轻松，让大家畅所欲言。

教育心语

社会是由人组成的，是一个极其复杂的群体。每一个都有不同的想法，也有不同的思考方式。更何况，人们总是以自己的利益出发，以自己为中心看问题。所以，我们为了在社会中生存，就要学会尊重他人。

一起拆东西

适合年龄：3～6岁　　道具准备：玩具汽车

训练方法：

❶ 孩子长到三四岁时好奇心非常强，经常会为了弄清楚新鲜事物的新奇之处而将其拆毁，这也是为什么孩子喜欢拆玩具、拆物品的原因。

❷ 为防止孩子乱拆东西，父母可以在孩子有这个苗头时主动和孩子一起来玩“拆东西”的游戏。

❸ 拿出两辆差不多的废旧玩具汽车，父母和孩子一人一辆。

❹ 比赛谁先将汽车全部拆完，拆完后父母给孩子讲讲玩具汽车的内部零件的作用。

❺ 再比赛看谁能先把玩具汽车拼装回原来的样子。

❻ 遇到孩子拆玩具的情况时，父母要和孩子一起探索，而不是斥责孩子，粗暴地教训孩子会给孩子造成不良的心理影响，阻碍孩子好奇心和探索能力的发展。

教育心语

父母在教育孩子的同时，一定要考虑到孩子的自尊心问题，别看孩子还小，也有自己小小的自尊心。只有当父母处处尊重孩子时，孩子才能学会尊重别人，才能更加积极上进、健康成长。

对是对，错是错

&卡尔·威特讲故事

卡尔·威特有一次在散步中发现一件令人深思的事情。邻居史密斯太太发现女儿的裙子被弄脏了，她立刻生起气来，冲着女儿大吼大叫，等看到女儿哭了，她又立刻给了女儿一块小点心。卡尔·威特问史密斯太太：“你为什么责骂女儿呢？”“她总是这样经常弄脏自己的裙子。”史密斯太太回答说。“那您为什么又要给她一块点心呢？您是为了表扬她的行为呢还是给她受责骂的补偿？”史密斯太太哑口无言，不知道该如何回答。

此时的小女孩已经被弄得糊里糊涂，她不知道为什么会受到责骂，更不知道母亲为什么会给她点心。史密斯太太的做法，让孩子分不清是非，这对孩子的成长是相当不利的。

&卡尔·威特大学堂

在卡尔·威特的家里，小卡尔从来没有受到过体罚，也没有受到过无缘无故的责骂，更不会平白无故得到奖励。卡尔·威特对小卡尔的奖励与惩罚都不太频繁，但它们一旦实施就会发挥重要的作用。

卡尔·威特告诉小卡尔家务活是每个家庭成员必须履行的职责，如果他履行了这项职责并做得很出色，就会给他一定的物质奖励，并带他去一个他想去的地方。当小卡尔做到时，卡尔·威特一定会履行自己的诺言给他奖励；但如果小卡尔犯了错误，卡尔·威特也一定会给他讲清楚道理，然后按照原则惩罚他，但不是体罚。

经典游戏指导

给花浇水

适合年龄：3~6岁　　道具准备：喷壶

训练方法：

1. 和孩子一起约定，如果他能连续一周给花浇水，周末就可以带他去一个他想去的地方。
2. 在喷水壶里注入适量的水，拿到花盆前，把水喷向植物根部附近，观看泥土的颜色，了解水分是否已够。
3. 孩子的持久力还不是很好，很可能会忘记，父母要每天提醒孩子给花浇水。
4. 如果孩子做到了，父母一定要兑现自己的承诺。
5. 如果孩子没做到还想去他要去的地方，父母千万不要和孩子妥协，让孩子明白什么是“纪律严明”。

教育心语

严格而详细的安排会让人充分地利用时间而不会不经意中浪费时间。

看电视不能超过半小时

适合年龄：2～6岁

训练方法：

1. 规定孩子每天晚上看电视不能超过半小时，半小时一到，就要立刻关掉电视。
2. 提前和孩子说好做不到的处罚方法，比如第一次超过半小时没关掉电视，第二天就不能再看电视；连续两次违反规定，之后两天不能看电视；连续三次违反规定，那么接下来的一周就不能看电视等。
3. 如果孩子连续一周都做到了，就给孩子一个奖励。

教育心语

教育孩子，一定要让他明白“对是对、错是错”的道理，想要起到这样的教育效果，父母必须要做到是非分明、始终如一，不管是奖励还是惩罚孩子，一定要认真，不能只说不做，失去孩子的信任。

养成尊重别人的习惯

&卡尔·威特讲故事

有一年夏天，小卡尔的小表妹来到他们家做客，刚开始的时候，两个孩子相处得非常好，但没过几天，他们就开始闹矛盾了。

事情的起因是小卡尔在用积木搭房子，小表妹也很感兴趣，就跑过去帮忙。刚开始的时候，两人合作非常默契，小卡尔像总工程师一样指挥小表妹怎么做，可是后来，由于小表妹没有按照小卡尔的指示去做，两人互不相让就吵了起来。卡尔·威特问小卡尔发生了什么，小卡尔回答说："小表妹不听我的话。"

了解了事情的前因后果后，卡尔·威特开始劝说小卡尔，却不料小卡尔一脚将搭建的房子踢散，跑回自己的房间去了。卡尔·威特对小卡尔如此任性和粗暴的行为感到非常惊讶，但并没有说什么，而是先安慰正在哭泣的小侄女。晚饭的时候，卡尔·威特再一次教导小卡尔，小卡尔依然在为小表妹不听他的话而愤愤不平，卡尔·威特告诉小卡尔："尽管你很精通怎样搭建房屋，但小表妹也有她自己的想法，她认为那块积木放在那里很好看，如果你觉得不好看你可以和小表妹商量，而不是粗暴地和小表妹争吵，你要学会尊重别人的想法，这样别人才会尊重你的想法。"这件事之后，小卡尔和小表妹又和好了，他们共同努力搭建了一座更漂亮的大房子。

&卡尔·威特大学堂

每位父母都不希望自己的孩子会有坏习惯，这就要在孩子很小的时候给予他正确的指导，而不是等他长大以后再去纠正；如果父母管教不当，孩子很容易就会养成一些不良习惯，而且，随着孩子年龄的增长，纠正孩子不良习惯的难度也会增大。

经典游戏指导

你觉得怎么样

适合年龄：2～6岁　　道具准备：积木

训练方法：

1. 父母和孩子一起玩积木。
2. 父母在给孩子提建议时不要用命令的口气告诉孩子该怎么做，而应该用询问的语气问孩子："我们可不可以把这块积木放在这里，我觉得这样搭建出来会比较好看。"
3. 当孩子和父母的意见出现冲突时，教给孩子让他用商量的语气和父母讨论到底该如何做，而不是一意孤行按自己的想法来。
4. 告诉孩子在和其他小朋友玩时，也要学会尊重别人，和别人有不一样的想法时要和别人商量，不要任性。

教育心语

一般人认为，游戏仅仅是孩子的一种娱乐方式。其实，聪明的孩子一定会在游戏中学到许多道理。

不插嘴

适合年龄：2～6岁

训练方法：

1. 父母和孩子在一起聊天。当孩子在说话时，父母不要打断孩子。
2. 当父母在说话时,告诉孩子别人没有说完，不要打断别人。
3. 当爸爸和孩子说话时，妈妈不要插嘴；当爸爸和妈妈说话时，告诉孩子也不要插嘴，等爸爸妈妈说完了自己再说话。
4. 告诉孩子，有客人在时，不要随便打断客人和父母的谈话，那是不尊重别人、不礼貌的行为。

教育心语

父母对孩子的教育应该“宽严相济”，既要让孩子发挥他们自由的天性，又不能让他们养成不良的习惯。严格教育是必要的，但也要给孩子一定的自由，父母不要把自己的意志强加给孩子，要学会尊重孩子，这样以身作则才能让孩子养成尊重别人的习惯。

学称呼

适合年龄：1~2岁　　道具准备：一些有不同年龄人物的卡片

训练方法：

❶ 父母准备一些有不同年龄人物的卡片，指着卡片上的人物告诉孩子怎么称呼他们，如叔叔、阿姨、哥哥、姐姐、爷爷、奶奶等。

❷ 父母指着卡片上的人物，问孩子“这是谁”，让孩子说出对他（她）的称呼，孩子如有错误，及时纠正他。

❸ 让孩子按指令分别找出不同年龄人物的图片。

❹ 当家里来客人或带孩子做客时，要让孩子养成称呼人的习惯，不正确时，父母要及时更正。

教育心语

幼小时期所得到的印象，哪怕是极微小的，对将来也会产生深远的影响。

孩子需要玩伴

&卡尔·威特讲故事

卡尔·威特曾经认识一户非常有钱的人家，这户人家有一个非常可爱的女儿，这个小女孩几乎每天都生活在玩具的世界之中。卡尔·威特曾经劝告过这个女孩的父亲，不要让女儿将大把的时间花费在玩具上，应该尽早地对她实施教育，可这位父亲不以为然。

后来，卡尔·威特听说那个小女孩因为玩具太多，就一点也不爱惜，每当她发脾气的时候就把玩具摔在地上使劲踩。有一次，因为佣人做的饭菜不合她的口味，就大声嚷嚷："你做的菜太难吃了，是不是你的手太笨了。"

&卡尔·威特大学堂

每一个孩子都喜欢玩具，但孩子的快乐并不全部来源于玩具，孩子也不一定喜欢那些昂贵、精致的玩具。对孩子来说，能给他带来快乐的就是好玩的玩具，一张纸、一块小石头、几个溜溜球可能就会让孩子玩得兴高采烈。

和玩具相比，孩子更希望自己拥有的是能在一起玩的小伙伴，再多的玩具都无法代替玩伴在孩子生活中的地位。孩子与小伙伴玩耍的过程其实就是社会化的过程，他能在与人接触中学会很多东西，比如学习别人的长处、学习如何与他人相处，而这些是多少玩具都不能给孩子的。如果孩子的童年仅有玩具，那孩子的身心是无法健康成长的。

经典游戏指导

跳房子

适合年龄：3～6岁

训练方法：

1. 父母帮助孩子约几个附近的小朋友一起玩游戏。
2. 找一个空旷的地方，用粉笔在地上画好“房子”。
3. 让小朋友们自己说好游戏规则，然后开始玩。
4. 当孩子们出现矛盾时，父母不要立即去帮他们解决，先让他们自己去解决，如果他们解决不了，父母再出面。

教育心语

由于我们处在一个以契约为基础的社会，所以只有诚实守信的人才能得到别人的信任，而哪些爱撒谎、没信用的人只能自食其果。诚实守信可以说是一个人立身处世的根本。

和爸爸拔河比赛

适合年龄：5～6岁　　道具准备：长毛巾

训练方法：

1. 爸爸和孩子面对面坐着，各自拉住毛巾的一端，分别向自己方向拉扯。
2. 妈妈可坐在孩子身后协助孩子拔河，拔河的过程中，父母的表情可以夸张一些。
3. 父母控制好力度，先一松一紧地使劲，使孩子身体前仰后合。
4. 在适当的时候，爸爸松开手或身子向前倾倒，假装被孩子拉过去了。然后父母给孩子拍手，鼓励他。
5. 父母经常和孩子玩些小游戏比给孩子买很多玩具更让孩子开心。

教育心语

父母为了帮助孩子打发时间，会给孩子买很多玩具，以为有了玩具孩子就不会无聊，其实这是对孩子不负责任的表现。只和玩具一起度过童年，如果没有良好的引导和教育，孩子可能会从小养成一些将来很难改掉的恶习。